Mein erstes ABC
Kreativ das Alphabet lernen

Herold zu Moschdehner

Mein erstes ABC
Kreativ das Alphabet lernen

Bibliografische Information durch
Die Deutsche Bibliothek:
Die Deutsche Bibliothek verzeichnet diese Publikation in der Deutschen Nationalbibliografie; detaillierte bibliografische Daten sind im Internet über http://dnb.ddb.de abrufbar.

ISBN 9783738640557

Copyright (2015)
Herstellung und Verlag: Books on Demand GmbH, Norderstedt
Alle Rechte beim Autor.

9,99 Euro

Herold zu Moschdehner veröffentlicht mit diesem Buch sein gesamtes KindergehirnFachwissen. Hier trifft moderne Wissenschaft auf althergebrachte Lernmuster. Diese Symbiose wird Ihrem Kind gut tun und es an ein kreatives Denken heranführen.

Gehen Sie davon aus, dass diese Art des Lernens Ihr Kind ein gesamtes Leben weiterbringen wird.

Anfang

A
wie
Aal (Glasaal dünn)
Angelsehne

B
wie
Bindfaden
Bandwurm

C
wie
ChristusHaar
Chemisches Element

D
wie
Dorn
Dünngefahrene Katze

E
wie
Essstäbchen
Elektroleitung

F
wie
Funkantenne
Fleischerhaken (Mittelstück)

G
wie
Giraffenhals (in Scheiben)
Gunken

H
wie
Haut (obere Epidermis)
Hasenfährte (Teil davon)

I
wie
Insektenstachel
Innenansicht eines Kanonenrohres

J
wie
Jucknarbe
Juckpulverjucknarbe

K
wie
Kamelspeichelfaden
Kussleitlinie (imaginär)

L
wie
Lineal von der Seite
Lumpenfaden

M
wie
Made (verhungert)
Mandolinenseite

N
wie
Nadel
Nummer 1

O
wie
Omas Falte (eine davon)
Ohne Rundung

P
wie
Pinselstrich
Pudelzungeninnenspalt

Q
wie
Quarkrillen
Quitschmund

R
wie
Rückholschnur
RutschenAua

S
wie
Scharte (Hasenscharte)
Stullenzwischenraum

T
wie
Tintenfischarm
Trinkhalm

U
wie
Unkenschleim
Unterwasserkante

V
wie
Verunglückter Regenwurm
Vrestedter Grashalm

W
wie
Walzahnrille
Winterfaden

X
wie
Xavers Schlüppergummizug
Xenophanes Querschnitt

Y
wie
Ypsilonstamm

Z
wie
Zobelpelz geplättet
Zimpelfaden